Manifest für menschliche Führung

Sechs Thesen für neue Führung im Zeitalter der Digitalisierung

Marcus Raitner

Für Kathrin, Marie und Ella

Inhaltsverzeichnis

Es muss anders werden, wenn es gut werden soll!

> *Ich kann freilich nicht sagen, ob es besser werden wird wenn es anders wird; aber so viel kann ich sagen, es muß anders werden, wenn es gut werden soll.*
>
> —Georg Christoph Lichtenberg

In einer Zeit, in der es „normal ist, dass vieles anders ist und immer schneller anders wird“ (Karl-Heinz Geißler) steht auch und insbesondere die Rolle von Führung mindestens zur Diskussion und in Frage.

Führung ist heute nur noch legitim, wenn sie die Selbstführung der ihr anvertrauten Mitarbeiter zum Ziel haben (Götz W. Werner). Führung bedeutet heute mehr denn je, *andere* erfolgreich zu machen. Und Führung ist schon lange keine Frage der Position mehr, sondern eine Frage der Haltung. Diese Haltung und die Werte neuer, agiler, digitaler und vor allem *menschlicher* Führung beschreibt dieses Buch in Form der sechs Thesen des *Manifest für menschliche Führung*.

Dieses Manifest entstand Anfang 2018 als erster Versuch einer Antwort auf die Frage nach Führung im Rahmen der agilen Transformation der BMW Group IT. Diese Reise hin zu mehr Agilität und Selbstorganisation angesichts von VUCA, Digitalisierung und Disruption war aber nur der willkommene Anlass, schon länger bestehende Konzepte der dienenden Führung endlich mit neuem Leben zu füllen.

Das Manifest beruht auf den Vorarbeiten von Peter F. Drucker zur Wissensarbeit und der Führung von Wissensarbeitern sowie auf dem positiven Menschenbild der Theorie Y aus Douglas McGregors viel zu wenig beachteten Buch „The Human Side of Enterprise". In diesem Sinne darf der Titel des Manifests gerne als Anspielung darauf verstanden werden.

Aus dem Ausgangspunkt in der agilen Transformation der BMW Group IT erklärt sich auch die Form des Manifests für menschliche Führung, die bewusst nah am „Manifest für agile Softwareentwicklung"[1] von 2001 gehalten ist. Wie dort geht es auch im Manifest für menschliche Führung weniger darum dogmatisch in Dichotomien zu denken, sondern in Spannungsfeldern wie „Individuen und Interaktionen mehr als Prozess und Tools" mit der klaren Maßgabe dass beide Seiten wichtig sind, aber die zuerst genannte hier und heute höher einzuschätzen sind.

[1] agilemanifesto.org

Eine kurze Geschichte der Digitalisierung

Wenn Sie einen Scheißprozess digitalisieren, dann haben Sie einen scheiß digitalen Prozess.

—Thorsten Dirks, ehem. CEO der Telefónica Deutschland AG

Digitalisierung: Kaum ein Schlagwort wurde in den letzten Jahren so inflationär gebraucht. Und wie so oft bei Schlagwörtern steht die Häufigkeit des Gebrauchs in umgekehrt proportionalem Verhältnis zum Verständnis. Offensichtlich hat die Digitalisierung etwas mit Computern und Rechenleistung zu tun. Das alleine kann es aber nicht sein, dazu gibt es Computer schon zu lange. Ein genauso entscheidender Aspekt der Digitalisierung ist vielmehr die Vernetzung.

Mooresches Gesetz

Grundlegend für die Digitalisierung sind immer kleinere, immer leistungsfähigere Computer. Gordon Moore stellte 1965 die These auf, dass sich die Rechenleistung von Computern jährlich verdoppelt. Wenn auch etwas verlangsamt (Verdopplung alle 18 Monate) hat dieses Mooresche Gesetz bis heute Bestand.

Rein rational verstehen die meisten Menschen dieses exponentielle Wachstum der Rechenleistung auch. Wenn es aber darum geht, sich die Zukunft vorzustellen, tun wir das linear. Wir betrachten, was sich beispielsweise in den letzten fünf Jahren verändert hat und gehen davon aus, dass das in ähnlicher Geschwindigkeit so weitergeht. Tut es aber nicht.

Diesen Denkfehler erkennt man schnell an einem Gedankenexperiment. Im Film „Zurück in die Zukunft“ geht es um eine Zeitreise zwischen den Jahren 1985 und 1955 und ein Teil der Komik des Films beruht darauf, dass die Welt sich zwischen 1955 und 1985 technologisch weiterentwickelt und verändert hat. Würde man aber denselben Zeitsprung von 30 Jahren zwischen 1985 und 2015 machen, wäre Marty McFly als Zeitreisender komplett abgehängt und der Film vermutlich noch lustiger: In diesen 30 Jahren wurde aus den ersten massentauglichen Computern wie dem C64 ein ständig vernetztes Smartphone, das gleichzeitig Kamera, Navigationsgerät, Walkman, tragbarer Fernseher und vieles mehr ist.

Die Plattform macht den Unterschied

Rechenleistung allein macht aber noch keine Digitalisierung. Damit lässt sich zwar allerlei Information in digitaler Form erstellen, in digitale Form umwandeln und in digitaler Form bearbeiten, aber zunächst nur lokal. Die Musikindustrie hat selbst die Digitalisierung vorangetrieben und analoge Musik in Form von CDs digitalisiert.

Und auch MP3 war per se kein Problem für die Musikindustrie. Zum Problem wurde es erst durch die Vernetzung von Computern und den dadurch möglichen Filesharing-Plattformen wie Napster. Dadurch wurden die lokal vorhandenen digitalen Informationen für alle überall und jederzeit zugänglich. Die Vernetzung der Geräte ist die Basis, den Unterschied aber machen Plattformen.

Sowohl Nokia als auch RIM mit dem Blackberry hatten 2007 erstklassige Produkte, die technisch betrachtet dem iPhone ebenbürtig oder überlegen waren. Ein wesentlicher Unterschied war allerdings, dass das iPhone konsequent auf mobiles Internet setzte. Aus den bisherigen mobilen Telefonen, die auch E-Mail und mehr schlecht als recht auch Internet konnten, wurden vollwertige Smartphones mit dauerhafter Internetverbindung als wesentlichem Differenzierungsmerkmal.

Aber auch das hätte vermutlich nicht gereicht, weil es damals neben E-Mail und Web-Browser zu wenig Anwendungsfälle für mobiles Internet gab. Den entscheidenden Unterschied machte der App-Store von Apple (und zeitgleich der entsprechende von Google für Android). Apple (und Google) machten das Smartphone zur mehr oder weniger offenen Plattform für Anwendungen Dritter. Abgesehen davon, dass Apple auch mit dem App-Store signifikanten Gewinn macht, führte damit jede neue App auf dieser Plattform zu einer Aufwertung des iPhones.

Seither entstehen auf Basis dieser allgegenwärtigen Vernetzung immer neue digitale Plattformen, auf denen Anbieter und Nachfrager zueinander finden. Die Digitalisierung greift damit auch in Bereiche, die zunächst gar nicht besonders digital erscheinen. Uber greift ohne ein einziges eigenes Taxi das Geschäftsmodell von Taxiunternehmen an. Und das dank Digitalisierung weltweit. Airbnb macht ohne ein einziges Hotel den etablierten Hotelketten Konkurrenz. Selbstverständlich auch weltweit. Das ist die eigentliche Digitalisierung.

Der Faktor Mensch

Cooperation is the thorough conviction that nobody can get there unless everybody gets there.

—Virginia Burden

Die Digitalisierung ersetzt nicht den Menschen und sie kommt auch nicht ohne ihn aus. Gerade durch die Digitalisierung ist das typisch Menschliche mehr denn je gefragt. Gemeint ist insbesondere unsere Fähigkeit, in Teams und Organisationen *gemeinsam* kreative Lösungen zu finden und effektiv und effizient zusammenzuarbeiten. Wenn hier vom Faktor Mensch im Allgemeinen und von menschlicher Führung im Besonderen die Rede ist, geht es darum, wie wir gemeinsam Großes bewegen können – auch und gerade vor dem Hintergrund hoch-komplexer und globaler Probleme wie der Klimaerwärmung. Genau das wird nur gemeinsam, vernetzt und im Team gelingen und ist viel weniger die Leistung einzelner Superhirne, Höchstleister und Helden als gemeinhin angenommen wird.

Super Chickens

In ihrem TED Vortrag „Forget the pecking order at work" berichtet Margaret Heffernan von einen beeindruckenden Experiment. William Muir von der Purdue University untersuchte die Produktivität von Hühnern (was bei Hühnern recht einfach in der Anzahl der Eier gemessen werden kann). Für eine Gruppe wählte er nur die „Höchstleister" aus und sorgte dafür, dass sich nur die besten dieser *Super Chicken* fortpflanzten. Dem gegenüber stand eine zweite Gruppe durchschnittlicher Hühner, die nicht weiter selektiert oder beeinflusst wurden. Nach sechs Generationen waren die Hühner in dieser Durchschnittsgruppe wohlgenährt, vollgefiedert und ihre Produktivität hatte sich signifikant erhöht. Entgegen der naiven Erwartung war das in der Gruppe der Super Chicken ein wenig anders: Bis auf drei waren alle tot – von den anderen zu Tode gepickt.

Die Erklärung für diesen auf den ersten Blick überraschenden Ausgang des Experiments ist recht banal. Die höhere Produktivität der Super Chicken ging einher mit ihrer Fähigkeit sich gegen andere durchzusetzen. Die gezielte Selektion genau dieser Individuen verstärkte die Aggression und das Konkurrenzverhalten dann nochmals. Wer aber gegeneinander kämpft, setzt sich zwar als Individuum durch, verschwendet als Gruppe aber Energie. Der Fokus auf individueller Höchstleistung fördert also Konkurrenzkampf und dysfunktionale Teams. Leider sind Unternehmen, Schulsysteme und letztlich ganze Gesellschaften genau nach diesem Prinzip aufgebaut.

Fünf Prinzipien effektiver Teams

Dass Superstars alleine noch kein Team machen, musste auch Google feststellen. Im Rahmen des Projekts Aristoteles[1] wurde deshalb dort untersucht, was aus einer Gruppe von Menschen ein effektives Team macht. Als das mit Abstand wichtigste Element stellte sich dabei die *psychologische Sicherheit* heraus. In wirklich effektiven Teams gibt es ein hohes Maß an Sicherheit, so dass sich die Mitglieder trauen, ihre Meinung offen zu sagen und Risiken einzugehen. Das ist die entscheidende Zutat, die aus dem Ganzen etwas Größeres als die Summe der Teile macht – und damit auch die wesentliche Führungsaufgabe. Es braucht dieses Gefühl der Sicherheit und des Vertrauens, um richtig gute

[1] rework.withgoogle.com/guides/understanding-team-effectiveness

Ideen hervorzubringen, wie auch Margaret Heffernan in ihrem TED Vortrag mit dieser schönen Analogie erklärt:

> *And that's how good ideas turn into great ideas, because no idea is born fully formed. It emerges a little bit as a child is born, kind of messy and confused, but full of possibilities. And it's only through the generous contribution, faith and challenge that they achieve their potential.*
>
> —Margaret Heffernan

Diesem Hauptprinzip der psychologischen Sicherheit folgt mit einigem Abstand das Prinzip der *Verlässlichkeit* (Können wir uns darauf verlassen, dass jeder seine Arbeit pünktlich und gut erledigt?), die *Struktur und Klarheit* (Sind Ziele, Rollenverteilung und die Ausführungswege im Team klar?), der *Sinn* (Wird an etwas gearbeitet, was jedem im Team wichtig ist?) und schließlich der Einfluss (Glauben wir daran, dass unsere Arbeit einen Unterschied macht?).

Respekt für den Menschen

Vieles lässt sich aus dem Lean Management lernen: Den Wert für den Kunden verstehen, dann davon ausgehend den Wertstrom identifizieren und den Fluss optimieren, um unnötigen Aufwand zu vermeiden und nicht zuletzt für eine kontinuierliche Verbesserung sorgen. Dabei geht es aber nicht nur um die Anwendung von anderen und besseren Methoden, sondern ganz wesentlich um eine andere Führungskultur. Gerne vergessen wird nämlich der Respekt für die Menschen als die zweite Säule des Toyota Wegs[2]. Im Zentrum von Lean Management steht der Mensch als wesentlicher Erfolgsfaktor und die zentrale Führungsaufgabe

[2] www.toyota-europe.com/world-of-toyota/this-is-toyota/the-toyota-way

des Lean Leadership lautet deshalb „befähigen statt belehren“. Dieser Grundsatz verdient es, mindestens so intensiv verbreitet zu werden wie die bekannten Konzepte und Methoden des Lean Managements.

Der Aufstieg von Toyota nach dem zweiten Weltkrieg ist untrennbar mit dem Namen Taiichi Ōno verbunden. Er hat das Toyota-Produktionssystem maßgeblich geprägt und weiterentwickelt. Was heute unter Lean Manufacturing und in Verallgemeinerung als Lean Management verstanden wird, geht zu einem großen Teil auf ihn zurück. Toyota gelang es dadurch, die Produktivität deutlich zu steigern und nicht nur zur amerikanischen Konkurrenz aus Detroit aufzuschließen, sondern sie zu überrunden. Die Konzepte und Methoden verbreiteten sich nicht nur in der produzierenden Industrie sondern in viele andere Branchen – nicht zuletzt in die IT, wo das Agile Manifest historisch und inhaltlich als Anwendung von Lean Prinzipien auf den Prozess der Softwareentwicklung verstanden werden kann.

Diese erfolgreiche Transformation von Toyota lässt sich aber nicht nur mit der Erfindung und Einführung einiger bahnbrechender Konzepte und Methoden durch einen genialen Ingenieur erklären, wie diese Heldengeschichte das auf den ersten Blick vielleicht nahelegt. Grundlage dieser Transformation war ganz wesentlich ein Wandel der Führungskultur, durch den der Menschen in den Mittelpunkt rückte. Der einzelne Arbeiter war nicht länger passiv betroffenes Objekt, sondern wurde zum aktiv gestaltenden Subjekt.

> *Standards should not be forced down from above but rather set by the production workers themselves.*
>
> —Taiichi Ōno

Im Buch „The Toyota Mindset, The Ten Commandments of Taiichi Ohno" berichtet Yoshihito Wakamatsu, der viele Jahre direkt unter Taiichi Ōno arbeitete, diese Anekdote. Bei einem Besuch in einem Werk von Toyota wurde Ōno von einem Manager begleitet. Diesem fielen die dort beobachtbaren Fehler in der Umsetzung des Toyota-Produktionssystems auf und er fragte Ōno, warum dieser sie nicht sofort korrigiert hätte. Die Antwort war:

> *I am being patient. I cannot use my authority to force them to do what I want them to do. It would not lead to good quality products. What we must do is to persistently seek understanding from the shop floor workers by persuading them of the true virtues of the Toyota System. After all, manufacturing is essentially a human development that depends heavily on how we teach our workers.*
>
> —Taiichi Ōno

Ein schönes Beispiel für die Grundhaltung *menschlicher* Führung. Es geht weniger darum, zu korrigieren oder zu *belehren*, sondern darum zu *befähigen*. Eine Korrektur der Abläufe von außen würde nur die Symptome kurzfristig bekämpfen, hätte aber keine nachhaltige Veränderung zur Folge. Das kann nur eine tiefergehende Befähigung ausgehend vom Verständnis der Prinzipien erreichen.

Genau das macht den einzelnen Arbeiter dann zum aktiven Gestalter der kontinuierlichen Verbesserung – und die damit einhergehende Breitenwirkung macht den entscheidenden Unterschied in der Transformation. Das darf gerne heute wieder in Erinnerung gerufen werden, wo die agile Transformation in vielen Unternehmen auf die Einführung von Blaupausen und Frameworks reduziert wird und so in der Sackgasse endet.

Augenhöhe statt Unterordnung

> *Leadership is the art of giving people a platform for spreading ideas that work.*
>
> —Seth Godin

Warum neue Führung? Und warum jetzt? Neue Führung ist kein neues Phänomen – wichtig und gefordert war ein Umdenken schon länger. So richtig dringend wird es aber jetzt im Zuge der Digitalisierung.

Im Übergang vom Industriezeitalter in das Zeitalter der Wissensarbeit ändert sich das Verhältnis von Mitarbeitern zur Organisation grundlegend. Aus abhängigen Arbeitern werden zunehmend unabhängige Wissensarbeiter, die ihre Produktionsmittel im Kopf tragen. Die Organisation ist deshalb mehr auf die Wissensarbeiter angewiesen als umgekehrt.

Lange zielte Führung auf Gehorsam ab. Kinder wurden (und werden leider immer noch) schon im Elternhaus und Schule zur Einordnung in die Gesellschaft und ihre Organisationen erzogen. Und diese Einordnung bedeutete und bedeutet im Kern Unterordnung. Zwar gehört die undurchlässige ständische Ordnung des Mittelalters der Vergangenheit an, aber das Organisationsprinzip der Hierarchie blieb gerade durch die mit der Aufklärung einhergehende Möglichkeit des eigenen Aufstiegs grundsätzlich erhalten. Ohne hierarchische Ordnung kein Aufstieg. Im Zuge der Industrialisierung mit ihren großen Konzernstrukturen erlebte dieses Prinzip sogar eine deutliche Ausweitung und Differenzierung. Die Hierarchie war und ist daher das bestimmende Organisationsprinzip des Industriezeitalters.

Wissensarbeit und Führung von Wissensarbeitern

> *Knowledge workers cannot be managed as subordinates; they are associates. They are seniors or juniors but not superiors and subordinates.*
>
> —Peter F. Drucker[1]

Bereits 1959 prägte Peter F. Drucker den Begriff des *Wissensarbeiters*, dessen Arbeit im Wesentlichen im Erdenken und Erschaffen von Neuem besteht. Dazu arbeiten Wissensarbeiter mit ihrem Wissen und erzeugen dabei neue Erkenntnisse und neues Wissen. Diese Arbeiter tragen ihre Produktionsmittel im Kopf. Deshalb ist die Organisation mehr auf sie angewiesen als umgekehrt. Zu Zeiten von Frederick Winslow Taylor waren die Arbeiter ungelernte Arbeitskräfte und der Manager der Experte, der ihre Arbeitskraft möglichst produktiv einsetzte. Die heutigen Wissensarbeiter sind nun aber selbst die Experten und sie erwarten zu Recht eine „artgerechte" Führung auf Augenhöhe.

Dem Prinzip der Hierarchie im Industriezeitalter folgt nun das Prinzip des Netzwerks im Wissenszeitalter. Führung basiert nicht länger auf Unterordnung und Gehorsam, sondern zielt auf die Selbstführung der ihr anvertrauten Menschen. Führung gibt der Wissensarbeit und den Wissensarbeitern Orientierung. Führung auf Augenhöhe jenseits von Unterordnung und Gehorsam ist deshalb notwendiger denn je. Der Schachmeister hat ausgedient, gefragt ist heute der Gärtner. Gute Führung schafft einen Rahmen, in dem sich die Menschen und ihre Ideen im Sinne eines gemeinsamen Zwecks entfalten können.

[1] Management's New Paradigm, 1998

Fragen stellen statt Antworten geben

> *Es ist viel einfacher, den Geist eines Menschen nach seinen Fragen zu beurteilen als nach seinen Antworten.*
>
> —Pierre-Marc-Gaston, duc de Lévis

Führung heißt, *andere* erfolgreich machen. So lautet die Führungsphilosophie von Sundar Pichai, dem CEO von Google. Führung ist also eine *gleichwertige* Funktion innerhalb und für eine Gruppe von Menschen und immer eine Begegnung zwischen Erwachsenen auf Augenhöhe. Im Gegensatz zum tayloristischen Management, dessen Geist immer noch viel zu sehr durch unsere hierarchischen Organisationen weht, heißt Führen daher heute in erster Linie (die richtigen) *Fragen* zu stellen anstatt (die richtigen) *Antworten* zu geben.

In seinem sehr lesenswerten Buch „Turn The Ship Around!" beschreibt David Marquet einen Schlüsselmoment als Kommandant des Atom-U-Boots USS Santa Fe. Während einer Übung wurde ein Ausfalls des Atomreaktors simuliert und auf Elektroantrieb umgeschaltet. Wie von anderen U-Boot-Typen gewohnt, gab David Marquet das Kommando, die Geschwindigkeit des Elektroantriebs von „ein Drittel voraus" auf „zwei Drittel voraus" zu erhöhen. Sein Offizier an Deck gab diesen Befehl auch sofort weiter. Und dann passierte – nichts! Er stellte den Steuermann zur Rede, warum er den Befehl nicht ausführte, und dieser klärte ihn auf, dass es bei dem Typ von U-Boot „zwei Drittel voraus" gar nicht gäbe. Das wusste natürlich auch sein Offizier an Deck, der aber den Befehl trotzdem weitergab, weil er dachte, dass sein Kommandant aufgrund seiner Ausbildung und Position über Kenntnisse verfügte, die ihm fehlten.

Ein klassischer HIPPO-Moment: Highest paid person's opinion. Seither vermied David Marquet es, Befehle zu geben. Er sorgte stattdessen dafür, dass allen die Mission und ihre Ziele bekannt waren und ermächtigte seine Offiziere, selbst zu entscheiden. Anstatt wie bisher um Erlaubnis zu fragen oder ihn als Kommandanten um eine Entscheidung zu bitten, mussten die Offiziere nur mitteilen, was sie zu tun beabsichtigten („I intend to“). Idealerweise hatte der Offizier dann schon alle Aspekte der Entscheidung abgewogen (wozu er natürlich Zugang zu allen Information haben muss) und David Marquet musste nur antworten: „Very well“. Anfangs musste er diesen Prozess noch mit einigen Fragen begleiten, um die verschiedenen Aspekte der Entscheidung zu betrachten, aber nach und nach stellten sich die Offiziere selbst die richtigen Fragen und durchdachten alle Aspekte schon vorher. Nach und nach lernten sie dadurch, selbst wie der Kommandant zu denken und handeln.

> *The leader-leader structure is fundamentally different from the leader-follower structure. At its core is the belief that we can all be leaders and, in fact, it's best when we all are leaders.*
>
> —David Marquet[2]

Wer als Führungskraft nur Antworten gibt und Kraft seiner Position Entscheidungen trifft, hält Menschen abhängig. Sie werden dann immer mit Fragen kommen und Antworten erwarten. Und die Führungskraft wird die bestmöglichen Antworten geben, die allerdings, wie das drastische Beispiel von David Marquet zeigt, nicht immer die besten Antworten sein werden und durch die Fähigkeiten, Kenntnisse und Erfahrungen eines einzigen Entscheiders begrenzt sind. Und wer kennt die Situation nicht, dass man sich an der Basis über Entscheidungen wundert und sie, ganz ähnlich dem Offizier an Deck unter „höher-bezahlter Einsicht“ verbucht. Auch wenn es in guter Absicht geschieht, Antworten zu geben hält Menschen tendenziell klein und abhängig.

[2] David Marquet (2015): Turn The Ship Around!

Potential entfalten

Wer es ernst meint mit neuer Führung im Sinne des nun folgenden *Manifests für menschliche Führung* muss Menschen groß machen und ihr Potential zur Entfaltung bringen. Ein einfacher und sehr effektiver Weg dahin ist es, Fragen zu stellen statt Antworten zu geben. Gute Fragen regen zum Nachdenken an. Eine Frage ist auch immer die explizite Erlaubnis und Aufforderung zum Nachdenken und ein probates Gegenmittel zur institutionalisierten Denk- und Entscheidungsfaulheit in hierarchischen Organisationen.

Manifest für menschliche Führung

Wir glauben an die Kreativität, Leistungsbereitschaft und Motivation der Menschen. Für uns ist der Mensch nicht Mittel zum Zweck, sondern steht im Mittelpunkt. Wir betrachten das Menschliche als entscheidenden Erfolgsfaktor in unserer hoch-vernetzten Welt. Wir sehen die Aufgabe von Führung darin, nach Rahmenbedingungen zu streben, in denen sich Menschen in ihrer Unterschiedlichkeit entfalten und gemeinsam erfolgreich sein können. Dabei sind uns die folgenden Werte wichtig[1]:

Entfaltung menschlichen Potentials
mehr als Einsatz menschlicher Ressourcen
Diversität und Dissens
mehr als Konformität und Konsens
Sinn und Vertrauen
mehr als Anweisung und Kontrolle
Beiträge zu Netzwerken
mehr als Positionen in Hierarchien
Anführer hervorbringen
mehr als Anhänger anführen
Mutig das Neue erkunden
mehr als effizient das Bekannte ausschöpfen.

[1] Das heißt, dass auch die Werte unten wichtig sind, wir aber die hervorgehobenen Werte oben höher einschätzen

Abbildung 1: Das Poster zum Manifest

Das Manifest für menschliche Führung kann als sichtbares Zeichen der Unterstüzung online[2] unterzeichnet werden. Dort findet sich ebenfalls das in Abbildung 1 dargestellte Poster zum Manifest[3]. Zur gemeinsamen Reflexion im Führungsteam findet sich dort zudem das im Anhang beschriebene Workshop-Format.

Humanpotential statt Humanressource

> *Ohne Menschen keine Wirtschaft.*
>
> *Folglich ist der Mensch immer Zweck und die Wirtschaft nur Mittel – und nicht umgekehrt.*
>
> —Götz W. Werner

Wer Organisationen als Maschinen betrachtet und Menschen wie Rädchen darin behandelt, darf sich über Dienst nach Vorschrift nicht beklagen. Mehr als möglichst fehlerfreies Funktionieren ist unter diesen Umständen gar nicht zu erwarten. Wo Menschen als Ressourcen und Mittel eingesetzt werden, verhalten sie sich auch so. Ihre individuellen Potentiale entfalten die Menschen dann in ihrer Freizeit – oder bleiben hinter ihren Möglichkeiten zurück. Führung kann hier einen für alle Seiten entscheidenden Unterschied machen. Darum lautet die erste These des Manifests für menschliche Führung: „Entfaltung menschlichen Potentials mehr als Einsatz menschlicher Ressourcen."

Selbstverständlich geht es in Organisationen um die menschliche Arbeitskraft. Körperliche und geistige Arbeitskraft effektiv und effizient einzusetzen ist auch und immer noch ein Wert. Darum steht ganz am Ende des Manifestes für menschliche Führung auch die Erklärung: „Das heißt, dass auch die Werte unten wichtig sind, wir aber die hervorgehobenen Werte oben höher einschätzen." Dieses professionelle Management von Arbeitskraft sorgte

---

[2] humanleadershipmanifesto.de

[3] fuehrung-erfahren.de/manifesto-for-human-leadership

im 20. Jahrhundert für einen enormen Zuwachs an Produktivität bei *manuellen* Tätigkeiten. Insofern hat es auch einen Wert.

> *The most important, and indeed the truly unique, contribution of management in the 20th Century was the fifty-fold increase in the productivity of the manual worker in manufacturing. [. . .] The most important contribution of management in the 21st century will be to increase knowledge worker productivity – hopefully by the same percentage. [. . .] The methods, however, are* totally different *from those that increased the productivity of manual workers.*
>
> —Peter F. Drucker[4]

Nur reicht es heut nicht mehr, menschliche Arbeitskraft zu verwalten. Sowohl die Menschen als auch die Tätigkeiten haben sich in den letzten 50 Jahren massiv verändert. Manuelle Arbeit wurde und wird immer mehr automatisiert, entsprechend steigt der Anteil an Wissensarbeit stetig. Und die Menschen sind nicht mehr ungelernte oder gering qualifizierte Arbeitskräfte, sondern immer mehr bestens ausgebildete Wissensarbeiter. Auch deren Arbeitskraft muss effektiv eingesetzt werden, aber die einzigen, die darüber entscheiden können und sollten, sind die Wissensarbeiter selbst.

> *Even if employed full-time, fewer and fewer people are „subordinates" – even in fairly low-level jobs. Increasingly they are „knowledge workers." And knowledge workers are not subordinates; they are „associates." For, once beyond the apprentice stage, knowledge workers must know more about their job*

[4]Peter F. Drucker (1999): Management Challenges for the 21st Century

than their boss does – or else they are no good at all.

—Peter F. Drucker[5]

Aus Management wird also in diesem Sinne Selbstorganisation. Umso wichtiger wird Führung zur Selbstführung.

Aufgabe von Führung ist es nicht länger, genormtes menschliches Arbeitsmaterial gewinnbringend einzusetzen, sondern wie ein Gärtner ein Ökosystem zu schaffen und zu erhalten, in dem die Menschen ihr individuelles Potential entfalten und im Sinne des Zwecks der Organisation einsetzen können. „Führung ist Dienstleistung – und kein Privileg. Die Dienstleistung für den Mitarbeiter besteht darin, ihm die Möglichkeiten zu bieten, sich selbst zu entwickeln." Diese Devise von Bodo Janssen zeigte bei Upstalsboom durchschlagenden Erfolg bei der Mitarbeiterzufriedenheit (plus 80%) oder der Krankheitsquote (von 8% auf 3%), aber auch unter dem Strich mit einer Verdopplung der Umsätze innerhalb von drei Jahren bei gleichzeitiger Steigerung der Produktivität.[6] Wertschöpfung durch Wertschätzung.

[5] Peter F. Drucker (1998). Management's New Paradigm

[6] www.der-upstalsboom-weg.de/der-upstalsboom-weg/die-geschichte

Diversität und Dissens

> *May we never confuse honest dissent with disloyal subversion.*
>
> —Dwight D. Eisenhower

Die *Diversity* – oder zu deutsch Diversität – hat ihren Ursprung in der Bürgerrechtsbewegung in den USA, bei der es um die Durchsetzung der Bürgerrechte für Afroamerikaner ging. Seither ist Diversität ein beachtetes und umkämpftes Thema in vielen Organisationen und in der Gesellschaft im Allgemeinen. Verstanden wird darunter in der Regel die gleichberechtigte Teilhabe von Menschen unterschiedlicher Herkunft, unterschiedlichen Geschlechts, unterschiedlicher Religion, unterschiedlichen Alters, etc. Insofern meint Diversität meist Chancengleichheit und Abwesenheit von Benachteiligungen. Das ist genauso wünschenswert wie eigentlich selbstverständlich, bleibt so aber zu sehr an der Oberfläche und möglicherweise wirkungslos.

> *Hinter den Begriffen Wertschätzung und Chancengleichheit steht bei der BMW Group ein ganzheitliches Konzept des Umgangs mit personeller Vielfalt im Unternehmen: Einzigartigkeit und Unterschiede der Mitarbeiter stellen für uns einen wichtigen Wert dar. Sie enthalten Potenziale für den Einzelnen wie für das Unternehmen*
>
> —BMW Group[7]

Vielfalt im Sinne der üblichen Dimensionen Alter, Geschlecht, Herkunft usw. ist nutzlos, wenn die Organisationskultur auf Konformität und Konsens ausgerichtet ist. Dann gibt es zwar vielleicht genauso viele Frauen wie Männer in Führungspositionen

[7] www.bmwgroup.com/de/verantwortung/mitarbeiter.html

(was wünschenswert wäre), die aber unabhängig von ihrem Geschlecht alle ins gleiche Raster fallen, weil die Kultur und die Beurteilungssysteme nur diesen einen Typus von Führungskraft hervorbringen.

Es geht also um mehr als Chancengleichheit. Es geht um eine Kultur, in der die Unterschiedlichkeit der Menschen – wie sie über Dinge denken, wie sie Probleme lösen, welche Erfahrungen sie mitbringen und welche Werte sie prägen – einen hohen Stellenwert hat. Eine solche Kultur in der die Individualität und die Einzigartigkeit der Menschen geschätzt werden – und damit einhergehend der Dissens und der Diskurs – hat dann die klassische soziologische Vielfalt in oben genannten und bekannten Dimensionen zur Folge. Die Diversität ist also eher als Merkmal einer solchen Kultur zu sehen oder höchstens als notwendige, aber nicht hinreichende Voraussetzung. Entscheidend ist, was die Kultur mit dieser Heterogenität macht: Normen oder Fördern?

Diese zweite These des Manifests für menschliche Führung, „Diversität und Dissens mehr als Konformität und Konsens", meint also genau, nach einer förderlichen Kultur zu streben und Rahmenbedingungen zu schaffen, in denen die Individualität wertgeschätzt wird mehr als die Konformität und in der ein konstruktiver Dissens als notwendiger Teil der gemeinsamen Entscheidungsprozesse gesehen wird.

Peter F. Drucker rät deshalb auch in seinem Buch „The Effective Excecutive", keine Entscheidungen zu treffen ohne vorhergehenden Dissens. Als Paradebeispiel dafür nennt er Alfred P. Sloan, der angeblich in einer Sitzung seines obersten Führungskreises gesagt haben soll: „Meine Herren, ich sehe, dass wir alle einer Meinung bei dieser Entscheidung sind." Als alle zustimmend nickten, fuhr er fort: „Deshalb schlage ich vor, dass wir die Diskussion in dieser Sache bis zur nächsten Sitzung vertagen, damit wir uns die nötige Zeit nehmen, um unterschiedlicher Meinung zu sein und wenigstens etwas Verständnis gewinnen, um was es bei der Entscheidung geht."

Führen mit Sinn und Vertrauen

> *Hat man sein Warum des Lebens, so verträgt man sich fast mit jedem Wie.*
>
> —Friedrich Nietzsche

Die ureigenste Aufgabe von Führung ist es, Orientierung zu bieten. Genau deshalb ist Führung gerade in agilen Organisationen wichtig. Agilität braucht Orientierung damit sie effektiv gelingen kann. Ohne diese Orientierung wird Agilität beliebig. Es fehlt die Ausrichtung auf ein gemeinsames Ziel.

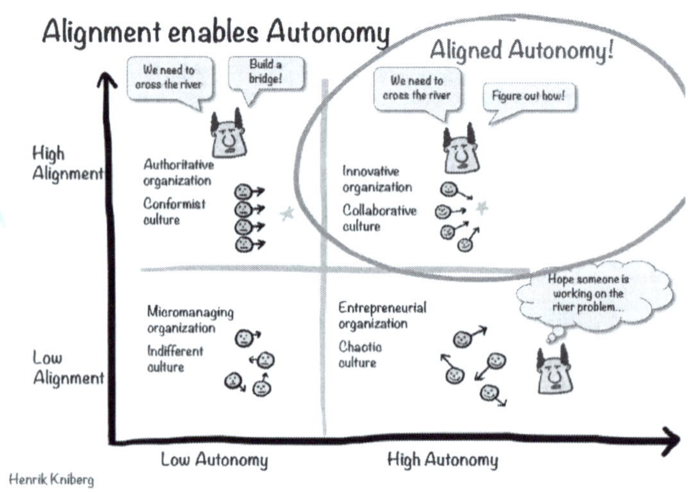

Abbildung 2: Alignment und Autonomie

Stellt sich die Frage, *wie* Führung heute Orientierung geben soll. Einerseits durch Vorgaben und konkrete Anweisungen steuernd und die Ergebnisse kontrollierend oder andererseits durch Vision und Sinn die Richtung grob weisend und auf bestmögliche Beiträge der geführten Teams vertrauend. „Sinn und Vertrauen mehr als Anweisung und Kontrolle“ heißt deshalb die dritte These des Manifests für menschliche Führung

Ein Kernelement von Agilität sind autonom agierende Teams. Erst durch die Schnelligkeit von dezentral im Team getroffenen Entscheidungen ergibt sich die Flexibilität und Kundenorientierung, für die agile Organisationen so bewundert werden. Wie Henrik Kniberg in Abb. 2 sehr schön darstellt, braucht Autonomie aber Orientierung. Die Orientierung trägt also ganz wesentlich dazu bei, die geführten Mitarbeiter im Sinne des gemeinsamen Ziels wirksam werden zu lassen. Und genau das muss das Ziel von Führung sein: Andere erfolgreich machen.

Peter F. Drucker erkannte schon recht früh, dass Wissensarbeiter anders geführt werden müssen. Wissensarbeit ist gerade dadurch gekennzeichnet, dass der Wissensarbeiter der Experte ist und seine Produktionsmittel im Sinne seines Könnens und Wissens selbst besitzt. Daher muss der Wissensarbeiter wie ein Partner behandelt und geführt werden (vgl. Kapitel „Wissensarbeit und Führung von Wissensarbeitern").

> *One does not „manage" people. The task is to lead people. And the goal is to make productive the specific strengths and knowledge of each individual.*
>
> —Peter F. Drucker[8]

Agile und selbstorganisiert arbeitende Teams sind also nur ein Spezialfall dieser allgemeineren Frage, wie man Wissensarbeiter führt. Die Antwort von Peter F. Drucker ist relativ einfach: Wissensarbeiter müssen so geführt werden, als würden sie (anderweitig finanziell abgesichert) auf freiwilliger Basis mitarbeiten. Wenn aber damit die üblichen Druckmittel wegfallen, bleibt nur übrig, einen Sinn und eine Vision anzubieten, wozu möglichst viele freiwillig einen Beitrag leisten wollen, weil es ihnen wichtig ist.

Darum legt die dritte These des Manifests für menschliche Führung mehr Wert auf Sinn und Vertrauen als auf Anweisung und

[8] Management's New Paradigm, 1998

Kontrolle. Gleichzeitig sind die Thesen des Manifests tendenzielle Aussagen und ganz am Ende des Manifests wird deshalb erklärt: „Das heißt, dass auch die Werte unten wichtig sind, wir aber die hervorgehobenen Werte oben höher einschätzen." Hat aber heute nach den eben gemachten Überlegungen *Anweisung und Kontrolle* wirklich noch einen Wert? In der Reinform im Sinne von "der Chef gibt mir eine Anweisung ohne den Kontext" sicherlich immer weniger.

Neben dem Ideal einer komplett sinngeleiteten, visionären Führung und einer reifen Vertrauenskultur, in der jeder sein bestes gibt, um die Vision Realität werden zu lassen, wird es aber sicherlich noch Abstufungen geben, die eher in Richtung von Anweisung und Kontrolle gehen. Eine zeitgemäße Interpretation liefert das aus dem Militär bekannte Führen mit Auftrag[9], wo zwar das Ziel des Auftrags und die Rahmenbedingungen vorgegeben werden, die konkrete Durchführung aber den Ausführenden an vorderster Front überlassen bleibt. Kontrolle erfolgt dabei eher im Sinne einer gemeinsamen Bewertung von Erfolg oder Misserfolg des Ergebnisses, um dadurch zu lernen für die nächsten Schritte.

[9] de.wikipedia.org/wiki/F%C3%BChren_mit_Auftrag

Netzwerk und Hierarchie

> *Leadership is not a rank or a position, it is a choice – a choice to look after the person to the left of us and the person to the right of us.*
>
> —Simon Sinek

Als Führungskraft braucht es heute mehr Fähigkeiten, als nur die Karriereleiter möglichst weit und elegant zu erklimmen. Die Hierarchie ist ohne Frage eine angemessene Organisationsform, um das *heutige* und *bekannte* Geschäft effizient zu organisieren. Wenn es aber darum geht, adäquat auf den immer höher werdenden Veränderungsdruck in immer kürzerer Zeit zu reagieren, stößt die Hierarchie und stoßen klassische Change-Programme an Grenzen. John P. Kotter fordert daher, den Wandel als Normalzustand zu begreifen und schlägt dazu neben der Hierarchie das *Netzwerk* als ein zweites Betriebssystem von Organisationen[10] vor.

Dieses Netzwerk liegt quer zur Hierarchie und ist organisiert als lose gekoppelte Initiativen von intrinsisch motivierten Freiwilligen. Es aufzubauen, es zu pflegen und darin auf Augenhöhe Beiträge zu leisten, ist eine ganz wesentliche Aufgabe von Führung, um Organisationen in Zeiten des Wandel zukunftsfähig zu gestalten. Genau darum heißt die vierte These im Manifest für menschliche Führung „Beiträge zu Netzwerken mehr als Positionen in Hierarchien."

Die Hierarchie als Organisationsform hat ihre Berechtigung und ihre Vorteile, wenn es darum geht das *bekannte* Geschäftsmodell nach definierten Prozessen und Rollen möglichst effizient zu organisieren. Um langfristig und nachhaltig erfolgreich zu sein, genügt das aber nicht. Es braucht neben dieser auf Stabilität und Effizienz ausgelegten Hierarchie für das heutige Geschäft auch

[10] hbr.org/2012/11/accelerate

eine Komponente, die für die Veränderung, die Verbesserung, das Neue und das Geschäft von morgen zuständig ist.

Traditionell fällt diese Rolle Strategieabteilungen, dedizierten Change-Programmen, Taskforces und derlei mehr zu. Gemeinsam ist diesen Ansätzen, dass die Veränderung dadurch ein (temporärer) Teil der Hierarchie und mit den bekannten Methoden des Managements gesteuert wird. Für große Veränderungen mit bekanntem Ziel, beispielsweise die Einführung eines neuen Warenwirtschaftssystems, eines neuen Vergütungsmodells und Ähnlichem funktioniert das nach den bekannten Verfahren des Change-Managements ganz ordentlich. Die Grundannahme dabei ist allerdings, dass Strategie und strategische Entscheidungen die Aufgabe von wenigen Strategen und dem Top-Management sind und Veränderung generell eher die Ausnahme ist.

Was aber wenn die Welt so volatil und die Märkte so schnell werden, dass die Veränderung zur Regel wird? Dann versagen diese hierarchischen Prozesse vom zentralen Erkennen und Bewerten der Chancen bis zum Aufsetzen eines strategischen Change-Vorhabens aufgrund ihrer inhärenten Schwerfälligkeit. Um in einer solchen Welt erfolgreich zu sein, muss die Veränderung und das Neue – neben der Hierarchie zur effizienten Organisation des heutigen Geschäfts – zur zweiten Natur der Organisation werden, zum zweiten Betriebssystem, wie John P. Kotter das in seinem Buch „Accelerate“ beschreibt.

> *We cannot ignore the daily demands of running a company, which traditional hierarchies and managerial processes can still do very well. What they do not do well is identify the most important hazards and opportunities early enough, formulate creative strategic initiatives nimbly enough, and implement them fast enough.*
>
> —John P. Kotter

Die Idee hinter diesem Netzwerk als zweitem und gleichwertigem Betriebssystem ist es, eine *Armee von Freiwilligen* quer zur Hierarchie zu rekrutieren. Die Aufgabe dieses Netzwerks ist es, *permanent* an der Veränderung und Verbesserung in kleinen lose verknüpften Initiativen zu arbeiten. Dieses Netzwerk aus intrinsisch motivierten Menschen wird geleitet von einem starken gemeinsamen Sinn und dem gemeinsamen Verständnis der Notwendigkeit zur Veränderung. In diesem losen Rahmen der strategischen Ausrichtung können dann neue Initiativen und Stoßrichtungen entstehen, um Chancen schnell zu nutzen und gemeinsam permanent an der Veränderung und Verbesserung zu arbeiten.

Den Führungskräften des ersten Betriebssystem der Hierarchie kommt dabei eine wichtige Rolle zu. Sie müssen neben ihrem Hauptjob als Manager des Tagesgeschäfts dafür sorgen, dass das zweite Betriebssystem des Netzwerks gut gedeiht und die Arbeit darin als gleichwertig und wichtig angesehen wird. Hier ist Führen mit Sinn und Vertrauen gefragt (vgl. Kapitel „Führen mit Sinn und Vertrauen“).

Zunächst braucht es Orientierung durch einen gemeinsamen Sinn und eine gemeinsame Vision, wozu die Menschen von ganzem Herzen ja sagen können und wozu sie gerne freiwillig einen Beitrag leisten wollen. Dann braucht es die Erlaubnis und den Freiraum, in diesem Netzwerk tätig zu werden. Und ansonsten braucht es einfach Vertrauen in die Kreativität und den Gestaltungswillen dieser *Armee der Freiwilligen*.

Ohne hierarchische Macht hält aber nur Vertrauen dieses Netzwerk zusammen und lässt die Zusammenarbeit produktiv und wirksam werden. Und Vertrauen entsteht durch großzügige Beiträge zum Netzwerk. Darum heißt die vierte These im Manifest für menschliche Führung „Beiträge zu Netzwerken mehr als Positionen in Hierarchien.“

Begegnung von Erwachsenen auf Augenhöhe

> *Leaders don't create followers, they create more leaders.*
>
> —Tom Peters

Führung ist eine Frage der Haltung. Leider definiert sich Führung immer noch in Begriffen von Macht und Unterordnung. Das Verhältnis von Führendem und Geführten ist meistens asymmetrisch: Der Chef hat mehr Erfahrung, mehr Information und mehr Macht als seine Mitarbeiter. Die Mitarbeiter sind daher von ihrem Chef abhängiger als umgekehrt der Chef von ihnen.

Historisch betrachtet stammt diese Haltung aus dem Taylorismus, wo der Manager tatsächlich derjenige war, der die Arbeitsabläufe am besten verstand und sie für seine meist *ungelernten* Mitarbeiter in einfache Arbeitsschritte strukturieren konnte. Diese Zeiten sind allerdings lange vorbei. Die Art der Tätigkeit und entsprechend das Ausbildungsniveau der Mitarbeiter hat sich seither radikal verändert. Geblieben ist leider in vielen Fällen nur dieses Abhängigkeitsverhältnis zwischen Chef und Mitarbeiter.

Peter F. Drucker prägte für diese veränderte Arbeitswelt bereits 1959 (seiner Zeit weit voraus) den Begriff der *Wissensarbeit*[11]. Er thematisierte dort und dann immer wieder die fundamentalen Unterschiede zur manuellen Arbeit des Taylorismus und forderte, Führung als eine Zusammenarbeit von Erwachsenen auf Augenhöhe zu verstehen. Genau darum heißt die fünfte These des Manifests für menschliche Führung „Anführer hervorbringen mehr als Anhänger anführen."

> *Their relationship, in other words, is far more like that between the conductor of an orchestra and the instrumentalist than it is like the traditional*

[11] Peter F. Drucker (1959). The Landmarks of Tomorrow New York

superior-subordinate relationship. The superior in an organization employing knowledge workers cannot, as a rule, do the work of the supposed subordinate any more than the conductor of an orchestra can play the tuba.

—Peter F. Drucker

Das Verhältnis von Führungskraft und Wissensarbeiter ähnelt eher dem zwischen Dirigent und Musiker in einem Orchester. Hinsichtlich der Fähigkeiten offensichtlich, aber auch hinsichtlich der Macht- und Abhängigkeitsverhältnisse: Die Machtposition von Wissensarbeitern gegenüber ihrer Führungskraft ist eine völlig andere als die des prinzipiell leicht austauschbaren Arbeiters zu seinem Chef in tayloristischen Strukturen. Ein Wissensarbeiter kann seinen Vorgesetzten ebenso leicht und effektiv sabotieren wie ein Musiker einen autokratischen Dirigenten.

In der Praxis ist diese Erkenntnis auch fünfzig Jahre nachdem Peter F. Drucker den Begriff der Wissensarbeit erfand noch lange nicht angekommen. Wir haben also weniger ein Erkenntnis- als ein Umsetzungsproblem. Natürlich hat sich das Verhältnis von Führungskraft und Mitarbeiter in den letzten Jahrzehnten deutlich zum Positiven verändert und viele Führungskräfte haben mittlerweile eine eher elterliche und fördernde Haltung zu ihren Mitarbeitern eingenommen. Die Richtung stimmt also, aber das Abhängigkeitsverhältnis blieb bisher meist unhinterfragt. Die Mitarbeiter sind immer noch abhängig von ihrem Chef. Und während Kinder in verschiedenen Phasen mehr oder weniger vehement ihre Selbstständigkeit einfordern und erkämpfen, bleiben Mitarbeiter für immer wohlbehütete Kinder.

Führung ist heute nur noch legitim, wenn sie die Selbstführung der ihr anvertrauten Mitarbeiter zum Ziel hat. Damit hat Götz W. Werner auf den Punkt gebracht, wie ein angemessenes Verhältnis zwischen Führendem und Geführten aussieht. Es geht nicht um höhergestellt oder untergeordnet, es geht darum, auf Augenhöhe als Erwachsene zusammenzuarbeiten.

Führung ist eine *gleichwertige* Funktion, die andere erfolgreich macht. Darum heißt die fünfte These des Manifests für menschliche Führung in Anspielung auf das Zitat von Tom Peters: „Anführer hervorbringen mehr als Anhänger anführen." Abhängige Mitarbeiter anzuführen ist das Eine und sicherlich auch heute noch eine wichtige Fähigkeit. Das Andere und viel entscheidender ist aber die Haltung dabei und die muss es sein, die Mitarbeiter aus der Abhängigkeit herauszuführen und sie zu Anführern – wenigstens ihres eigenen Lebens im Sinne der Entfaltung ihrer Fähigkeiten – zu machen.

Die Kunst der Beidhändigkeit

> *Clients do not come first. Employees come first. If you take care of your employees, they will take care of the clients.*
>
> —Richard Branson

Wir erleben eine Welt in „der vieles anders ist und immer schneller anders wird", wie das der Zeitforscher Karl-Heinz Geißler so treffend formuliert hat. Die gefühlte oder reale Geschwindigkeit des Lebens steigt täglich getrieben von faszinierenden und teils beängstigenden technologischen Entwicklungen wie Künstlicher Intelligenz oder Blockchain. Damit steigt der Veränderungs- und Innovationsdruck in Unternehmen enorm. Die Halbwertszeit von Produkten und Geschäftsmodellen wird immer kürzer.

Im Klartext heißt das, dass Unternehmen sich immer wieder und in immer kürzeren Abständen neu erfinden müssen, um zu überleben. Neben der immer im Vordergrund stehenden Effizienz und Profitabilität im heutigen Geschäft muss es langfristig überlebensfähigen Unternehmen zur zweiten Natur werden, mutig neue Chancen auszuloten und ständig neue Geschäftsmodelle zu erproben. Gerade weil aber das dringende Geschäft von heute gerne das Wichtige, nämlich die Ideen für das Geschäft von morgen, verdrängt, heißt die sechste und letzte These im Manifest für menschliche Führung: „Mutig das Neue erkunden mehr als effizient das Bekannte ausschöpfen."

Ein Unternehmen rund um *ein* Produkt oder *eine* Produktfamilie mit *einem einzigen* Geschäftsmodell aufzubauen und profitabel zu betreiben ist eine beachtliche Leistung. Die meisten Unternehmen überstehen diese Startup-Phase deshalb auch gar nicht. Und diejenigen, denen es tatsächlich gelingt, haben alle Hände voll zu tun, ihr Geschäft auszubauen und ihre Produkte zu verbessern und zu erweitern.

Für manche läuft es dann so gut wie für Xerox mit Kopiergeräten, Kodak mit Filmen oder IBM mit Großrechnern. Was in dieser Phase des Erfolgs passiert, beschreibt Steve Jobs[12] sehr gut: Während in der Anfangsphase das Unternehmen von den Produkten und der Leidenschaft für großartige Produkte geleitet und getrieben wird, übernehmen nach und nach Marketing und Vertrieb das Ruder. Das ist einerseits sinnvoll, um die bestehenden Produkte und Geschäftsmodelle möglichst gut auszuschöpfen. Andererseits liegt darin auch der Keim des Niedergangs begründet, weil sich der Fokus von neuen und innovativen Produkten und Geschäftsmodellen auf den Profit des heutigen Geschäfts verschiebt.

Deshalb gründen Unternehmen dann Forschungslabors oder Forschungsabteilungen. Bei Xerox beispielsweise war das das bekannte Xerox Palo Alto Resarch Center (PARC). Die Liste der Erfindungen von Xerox PARC ist beeindruckend: „Hier wurde der erste Laserdrucker entwickelt, VLSI anhand neuer Entwurfsmethoden ermöglicht, Ethernet erfunden, eine eigene Serie von Lisp-Maschinen entworfen, mit SuperPaint die erste computergestützte grafische Bildbearbeitung entwickelt, die Programmiersprache Smalltalk als Vorbild vieler moderner objektorientierter

---

[12] youtu.be/_1rXqD6M614

Programmiersprachen entwickelt, das Konzept des Laptops entwickelt, die erste grafische Benutzeroberfläche entwickelt und im Xerox-Alto-Rechner erstmals eingesetzt, das WYSIWYG-Modell (What you see is what you get) als Grundprinzip für die GUI aufgestellt und umgesetzt und der Vorläufer von PostScript entwickelt.“ Der einzige Schönheitsfehler dieser scheinbaren Erfolgsgeschichte: „Mit Ausnahme des Laserdruckers, der von Xerox erfolgreich in Form des Laserkopierers vermarktet wurde, hat es Xerox nicht geschafft, diese Erfindungen erfolgreich auf den Markt zu bringen.“ (vgl. Wikipedia[13])

Für echte Beidhändigkeit im Sinne organisationaler Ambidextrie[14], also der Fähigkeit, einerseits das Bestehende auszuschöpfen und gleichzeitig das Neue zu erkunden, reicht es also nicht aus, beides nebeneinander zu stellen. Die Kunst liegt in der möglichst nahtlosen Integration von Effizienz im Hier und Heute und Innovation für das Morgen.

Xerox war sehr erfolgreich im damaligen Geschäftsmodell mit Kopierern und Xerox PARC war äußerst innovativ. Das Problem lag im Transfer der Ideen in neue Produkte und Geschäftsmodelle. Xerox war so auf sein bekanntes Geschäft mit Kopierern fixiert, dass viele der bahnbrechenden Innovationen von Xerox PARC einfach zu weit weg waren. Und umgekehrt war Xerox PARC fixiert auf Technologien und Innovationen und kümmerte sich kaum auf die Umsetzung in Geschäftsmodelle und die Integration in Xerox.

Besser gelingt diese Beidhändigkeit beispielsweise Amazon. Zunächst baute Jeff Bezos ganz klassisch das Sortiment des Online-Buchhändler immer weiter zu einem Online-Kaufhaus aus. Dann aber kamen neue Geschäftsmodelle und Amazon wurde zur Plattform mit dem Marketplace, zum Logistikdienstleister indem es seine Logistikzentren und -services auch für andere Händler anbot, mit AWS zum führenden Cloud-Service-Provider, indem

[13] de.wikipedia.org/wiki/Xerox_PARC
[14] https://de.wikipedia.org/wiki/Organisationale_Ambidextrie

es seine für die eigene Plattform ohnehin vorhandenen Cloud-Services auch Kunden anbot, zum Hardwarehersteller und vieles mehr.

Ganz wesentlich für den langfristigen Erfolg von Amazon in einem extrem umkämpften und schnelllebigen Branche ist es, trotz der Größe und trotz des operativen Kerngeschäfts immer auch wie ein Startup zu denken und zu handeln und ständig Experimente mit neuen Geschäftsmodelle und Services zu wagen, bei denen teilweise erhebliche Investitionen auf dem Spiel stehen. Die richtige Balance und die nahtlose Integration von Optimierung des bestehenden Geschäftsmodells einerseits und Erfinden von neuen Geschäftsmodellen andererseits ist eine sicherlich nicht einfache, aber entscheidende Führungsaufgabe in einer VUCA-Welt.

An die Arbeit!

> *It's easier to ask forgiveness than it is to get permission.*
>
> —Grace Hopper

Wenn diese Erkenntnisse zu neuer Führung also nicht neu sind, was hält uns davon ab, sie umzusetzen? Woran müssen wir also arbeiten, um sie umzusetzen? Beginnen wir mit der Angst. Diese müssen wir – für uns selbst und für alle betroffenen Mitarbeiter – mit Mut und durch das eigene Vorbild bekämpfen und überwinden.

Wider die Angstkultur

> *Fear is the path to the dark side . . . fear leads to anger . . . anger leads to hate . . . hate leads to suffering.*
>
> —Yoda

Der römischen Kaiser Caligula wurde mit seinem Motto *oderint, dum metuant* (zu dt.: *Sollen sie mich doch hassen, solange sie mich fürchten*) zum Inbegriff des autokratischen Gewaltherrschers. Von dieser radikalen Sorte gibt es heute glücklicherweise nicht mehr so viele in Politik (obwohl nationalistische und rechtsradikale Tendenzen nichts Gutes verheißen) und Wirtschaft. Dennoch ist Angst in mehr oder weniger subtiler Form das unausgesprochene Leitmotiv in den hierarchischen Strukturen vieler Organisationen mit der absolutistischen Machtfülle ihrer Protagonisten. Und das wider besseren Wissens um die Schädlichkeit dieser Angst für Kreativität und Produktivität.

Peter F. Drucker und W. Edwards Deming haben in der zweiten Hälfte des letzten Jahrhunderts maßgeblich das Bild von Organisation und Management geformt. Obwohl sie sich diesen Themenkomplexen von ganz unterschiedlichen Richtungen aus näherten, waren sie sich in vielen Punkten am Ende erstaunlich einig. Nur wurden leider viele ihrer Erkenntnisse missachtet oder fehlinterpretiert. Auch diese Missachtung und Fehlinterpretation eint diese beiden Vordenker leider.

So ist das „Führen mit Zielen und *Selbst-Steuerung*" zum Diktat der Ziele von oben verstärkt durch (nachweislich kontraproduktive) finanzielle Anreize zur Zielerreichung verkommen. Die damit einhergehende Angst vor einer Verfehlung der Ziele ist ein nicht unwesentlicher Beitrag zur Angstkultur, der die effektive Zusammenarbeit verhindert oder wenigstens behindert. In den berühmten 14 Punkten des Managementprogramms von W. Edwards Deming[1] ist daher einer der zentralen die Aufforderung, diese Angstkultur zu bekämpfen:

> *Drive out fear, so that everyone may work effectively for the company.*
>
> —W. Edwards Deming

Peter F. Drucker kam zu einem ähnlichen Schluss. Er unterscheidet aber zusätzlich zwischen der Angst vor einer Bedrohung von *außerhalb* der Gruppe und der Angst und dem Misstrauen *zwischen* den Menschen einer Gruppe. Erstere kann die Gruppe durchaus motivieren, fokussieren und zusammenschweißen, während letztere die Gruppe auseinander treibt und die Menschen dazu veranlasst, gegeneinander anstatt miteinander zu arbeiten.

> *Fear of a threat to the community unites. But fear of someone within the community divides and corrodes.*

[1] de.wikipedia.org/wiki/William_Edwards_Deming

> *It corrupts both him who uses fear and him who fears.*
>
> —Peter F. Drucker

Ein mögliche Form der Führung, die wir leider gerade vielerorts im Erstarken des Nationalismus beobachten, ist es daher tatsächlich, die Angst vor dem oder den Anderen zu schüren. Welches destruktive Ausmaß das annehmen kann, hat uns die Geschichte des Nationalsozialismus in Deutschland leider sehr deutlich gezeigt. In sehr viel subtilerer Form findet sich dieses Wir-gegen-Die-Muster aber auch innerhalb von vielen Organisationen, was dort zu allerlei wenig wertschöpfenden Rechtfertigungs- und Abwehrkämpfen führt. Deshalb betonte David Marquet[2] auf dem Atom-U-Boot USS Santa Fe das *Wir* so stark mit dieser Regel: „There is no 'they' on USS Santa Fe!"

Sowohl Peter F. Drucker als auch W. Edward Deming war eine andere Form der Führung wichtig. Für beide war der Zweck der Organisation, das *Wozu* anstatt das *Wogegen*, das oberste Leitprinzip. Entsprechend hielten sie die Vermittlung dieses Zwecks für eine der wesentlichen Führungsaufgaben. Genau deshalb ist für Deming das „Fehlen eines feststehenden Organisationszwecks" die erste seiner sieben tödlichen Krankheiten eines Managementsystems.

Führen durch Vorbild

> *Mit gutem Beispiel voranzugehen, ist nicht nur der beste Weg, andere zu beeinflussen, es ist der einzige.*
>
> —Albert Schweitzer

Wahre Autorität ist keine Frage der Position, sondern des vorbildlichen Verhaltens, denn Führung beruht mehr auf Nachahmung als auf Unterordnung. Wir könnten uns viel Widerstand,

[2]David Marquet (2015): Turn The Ship Around!

Kampf und Leid im täglichen Miteinander in Organisationen und Familie ersparen, wenn wir selbst authentisch den Wandel verkörperten, den wir uns für unser Umfeld wünschen. Nur wer sich selbst derart aufrichtig führen kann, kann andere durch sein Vorbild führen.

Von Mahatma Gandhi erzählt man sich diese zwar nicht belegte, aber dadurch nicht weniger inspirierende Geschichte. Eine Frau kam mit ihrem Sohn von weit her, um Gandhi zu sehen. Sie wahr besorgt, weil ihr Sohn zu viel Zucker aß und, obwohl er davon krank wurde, nicht davon lassen konnte.

Sie wartete also viele Stunden geduldig und als sie schließlich an der Reihe war, sagte sie: „Bitte Meister, sagt meinem Sohn, er solle aufhören, Zucker zu essen." Gandhi blickte dem Jungen tief in die Augen und antwortete dann der Mutter: „Bringt ihn mir in zwei Wochen wieder."

Enttäuscht reiste die Frau nach Hause und kam nach zwei Wochen wieder. Als sie dieses Mal vor Gandhi traten, sagte dieser: „Junge, du musst aufhören, Zucker zu essen." Aus Respekt vor Gandhi und seiner Weisheit, versprach der Junge, keinen Zucker mehr zu essen und führte seitdem ein gesundes Leben.

Die Mutter aber war verwirrt und fragte Gandhi: „Warum habt ihr das meinem Sohn nicht schon vor zwei Wochen gesagt?" Gandhi antwortet: „Vor zwei Wochen aß ich selbst noch viel Zucker. Ich musste erst damit aufhören."

Wer hätte so gehandelt wie Gandhi in dieser Geschichte? Wer wäre nicht einfach auf das „Abarbeiten" der Bittsteller verfallen und hätte ohne dieses bewusste Reflektieren des eigenen Verhaltens sofort den verlangten, aber kraftlosen, weil nicht authentischen, Ratschlag gegeben? Wie verhalten wir uns täglich in Besprechungen, Gremien oder gegenüber unseren Kindern? Und wie passt dieses Verhalten zu unseren Absichten und unseren Worten?

Große Veränderungen kennzeichnen dieses Zeitalter der Digitalisierung. Damit diese Transformationen nicht als wirkungsloses

Changetheater verpuffen, braucht es Führung durch Vorbilder. Niemand darf glauben, dass es heute darum geht, andere – und vornehmlich die unterstellten Mitarbeiter – zu verändern, während die eigene Rolle unangetastet bleibt.

> *What you are speaks so loudly, I can't hear what you are saying.*
>
> —Ralph Waldo Emerson

Gerade die agile Transformation, also der Wandel hin zu mehr Agilität durch dezentrale Entscheidungsstrukturen in Form selbstorganisierter Teams, ist auch ein massiver Wandel der Führung. Agilität ist kein Kraftfutter, mit dem die Mitarbeiter ihre Arbeit schneller und flexibler erledigen, ansonsten aber alles beim Alten bleibt. Es geht im Gegenteil darum, die Organisation ganzheitlich zu betrachten und den Wertstrom zu optimieren. Und dabei fächert sich Führung auf in Selbstorganisation, inhaltliche Führung im Sinne des Produktmanagements und dienende Führung im Sinne des Manifests für menschliche Führung.

Mut – Die unterschätzte Tugend

> *Without courage all virtues lose their meaning.*
>
> —Winston Churchill

Für Winston Churchill war klar, dass ohne Mut alle anderen Tugenden bedeutungslos werden. Nicht nur gesellschaftlich und politisch brauchen wir den Mut so dringend wie schon lange nicht mehr, auch unseren Unternehmen und ihren Mitarbeitern täte mehr Mut gut. Wir brauchen einen *Mutanfall,* wie Harald Schirmer[3] das ausdrückt, um traditionelle Organisationen zukunftsfähig zu gestalten. Das bisherige absolutistisch-hierarchische

[3] www.harald-schirmer.de

Bauprinzip hat endgültig ausgedient. Unsere Unternehmen brauchen im Zeitalter von Digitalisierung und Wissensarbeit eine neue Aufklärung mit konsequenterer Gewaltenteilung. Immanuel Kants Leitspruch für die Aufklärung sollte deshalb über jeder Pforte stehen: "Habe Mut, dich deines eigenen Verstandes zu bedienen!"

Im Jahr 2009 veröffentlichte[4] Patty McCord als ehemalige Chief Talent (sic!) Officer das Culture Statement von Netflix. Die 125(!) Folien zur Kultur bei Netflix wurden seither unglaubliche 18 Millionen mal aufgerufen und wurden von Facebooks COO Sheryl Sandberg als *das* wichtigste Dokument aus dem Valley bezeichnet. Auch nach der Überarbeitung im letzten Jahr hat das Statement in seiner aktuellen Fassung[5] nichts von seiner ursprünglich Kraft verloren. Immer noch ist, ganz im Sinne Churchills, Mut nicht nur einer von neun anderen (sehr interessant ausformulierten) Werten bei Netflix, sondern hat eine besondere Stellung, indem damit explizit auch der Mut gemeint ist, Inkonsistenzen zwischen diesen postulierten und den gelebten Werten offen anzusprechen.

Diese explizite Erlaubnis, mutig Abweichungen von der Idealkultur zu thematisieren, gibt allen Mitarbeitern genau die „Narrenfreiheit", mit der Hofnarren im Mittelalter moralische Verfehlungen ansprechen konnten. Und das macht den entscheidenden Unterschied zu genauso geschliffen formulierten, aber oftmals als inhaltsleer oder weltfremd erlebten Wertekanons vieler anderer Organisationen.

Wo diese Erlaubnis fehlt, darf man sich trotzdem ganz im Sinne des Leitspruchs von Immanuel Kant seines Verstandes bedienen und sich dabei auf das Konzept des zivilen Ungehorsams stützen, wie es auch viele selbsternannte Organisationsrebellen tun. Sie identifizieren sich mit ihrer Organisation und dem *eigentlichen* Zweck dieser Organisation, aber nicht notwendigerweise mit allen damit nicht kohärenten Regeln oder einer als hinderlich empfundenen Organisationskultur. Sie arbeiten nicht *gegen* die

[4] www.slideshare.net/mobile/reed2001/culture-1798664
[5] jobs.netflix.com/culture

Organisation, vielmehr hat ihr Regelbruch immer die Verbesserung der Organisation zum Ziel. Ihr Andersdenken und Andersmachen ist dadurch die entscheidende Störung, um Organisationen vor Selbstgefälligkeit und Trägheit zu bewahren.

Die spannende Frage, wie man Rebellen und Wissensarbeiter „artgerecht" im Sinne der notwendigen Selbstorganisation führt, wird bei Netflix auf diese einfache Formel gebracht: Kontext statt Kontrolle. Die wichtigste Führungsaufgabe ist es, Rahmenbedingungen für die Mitarbeiter so zu gestalten, dass diese Mitarbeiter eigenständig entscheiden können. Und deshalb rühmt sich Reed Hastings auch, dass er bei Netflix möglichst wenig Entscheidungen trifft. Eine mutige Haltung, die zu mutigen Mitarbeitern führt und die hoffentlich viele Nachahmer findet!

Packen wir es an!

Anhang

Der Workshop zum Manifest

Das Manifest für menschliche Führung eignet sich einerseits als Denkimpuls zur persönlichen Reflexion des eigenen Führungsverhaltens. Andererseits spannen die Thesen auch einen schönen Rahmen für einen interaktiven Workshop, in dem Führungskräfte gemeinsam die Thesen und ihre Haltung reflektieren und diskutieren können. Exklusiv für meine Leser biete ich ein neues Workshopformat inklusive aller Materialien zur freien Verfügung.

Aufbau

Benötigt werden sechs Stellwände oder ähnliches, worauf die sechs Thesen des Manifests (ausgedruckt im Format DIN A1 wie in Abbildung 4 dargestellt) befestigt werden können. Als Arbeitsmittel dienen ansonsten Klebepunkte und Haftzettel in zwei Farben (grün und gelb). Der Workshop dauert ca. drei Stunden und funktioniert mit bis zu 40 Personen.

Die vollständige Vorlage kann als PowerPoint in Deutsch[1] und Englisch[2] heruntergeladen und unter Beibehaltung der Quellenangabe frei verwendet werden.

Ablauf

In der einfachsten Form richtet sich der Workshop an eine Gruppe mit bis zu sieben Personen. Gestartet wird mit der Präambel des

[1] fuehrung-erfahren.de/workshop-human-leadership-manifesto-de
[2] fuehrung-erfahren.de/workshop-human-leadership-manifesto-en

Abbildung 3: Präambel des Manifests für menschliche Führung

Manifests für menschliche Führung wie in Abbildung 3 dargestellt.

Anschließend geht die Gruppe zur ersten These (vgl. Abbildung 4). Dort erhält jede Person einen Klebepunkt und Haftzettel in zwei Farben (grün und gelb). Zunächst reflektiert jede Person still für sich die These und legt dabei fest, wo sie sich selbst jeweils auf der Skala von 1 bis 10 sieht. Zusätzlich schreibt jede Person auf die grünen Zettel, was sie auf diese Stufe der Skala gebracht hat (Praktiken, Methoden, Bücher, Coaching, etc.). Auf den gelben Zetteln notiert jede Person was noch fehlt bzw. was sie noch machen könnte, um eine Stufe höher zu kommen. Es geht explizit nicht darum, was zu 10 fehlt, sondern nur um den nächsten konkreten Schritt.

Nach dieser Phase der Reflexion, stellen sich die Personen innerhalb der Gruppe gegenseitig ihre Positionierung vor, was sie dorthin gebracht hat (grüne Zettel) und was sie einen Schritt weiterbringen könnte (gelbe Zettel). Das sollte pro Person maximal fünf Minuten in Anspruch nehmen. Erlaubt sind wie beim

Abbildung 4: Die erste These im Format des Workshops

Brainstorming nur Verständnisfragen. Es geht nicht um richtig oder falsch oder um eine Rangordnung, sondern darum, zu sehen was alles schon da ist und welche Schritte als nächstes gemacht werden könnten.

Anschließend wechselt die Gruppe zur nächsten These und wiederholt den Ablauf dort. Der Workshop endet nach der sechsten These mit einer kurzen Feedbackrunde wo jede Person nochmals die für sie wichtigste Erkenntnis beschreibt („Was habe ich hier und heute gelernt?").

Abwandlungen

Der Workshop kann auch mit bis zu sechs Gruppen parallel durchgeführt werden. Der Raum muss dann groß genug sein, so dass die sechs Gruppen parallel an jeweils einer These diskutieren können ohne sich gegenseitig zu stören. Beim Wechsel der Gruppen zur nächsten These kann ein Moderator entweder das Plakat der vorigen Gruppe durch ein neues ersetzen oder im Stile eines World-Café die bisherigen Ergebnisse für die ankommende Gruppe kurz zusammenfassen.

Über den Autor

Dr. Marcus Raitner ist überzeugt, dass Elefanten tanzen können. Als Agile Coach, Agile Transformation Agent, Hofnarr und Organisationsrebell begleitet er deshalb seit 2015 die BMW Group IT auf ihrer Reise zu einer agilen Organisation. Nach seiner Promotion in Informatik an der Universität Passau, arbeitete Marcus Raitner zunächst als IT-Projektleiter bei msg systems. Im Jahr 2010 startete er nochmal komplett neu und wechselte als Senior Partner und später Geschäftsführer zur esc Solutions, einem kleinen Startup mit Schwerpunkt Projektmanagement und Projektcoaching. Über die Themen Führung, Digitalisierung, Neue Arbeit, Agilität und vieles mehr schreibt Marcus Raitner seit 2010 in seinem Blog „Führung erfahren" .

Printed in Germany
by Amazon Distribution
GmbH, Leipzig

24563762R00034